TERCEIRA SEDE

Do autor:

As Solas do Sol

Cinco Marias

Como no Céu & Livro de Visitas

O Amor Esquece de Começar

Meu Filho, Minha Filha

Um Terno de Pássaros ao Sul

Canalha!

Terceira Sede

CARPINEJAR

TERCEIRA SEDE

Elegias

Copyright © 2001, 2009, Fabrício Carpi Nejar

Capa: Raul Fernandes

Editoração: DFL

2009
Impresso no Brasil
Printed in Brazil

Cip-Brasil. Catalogação na fonte
Sindicato Nacional dos Editores de Livros, RJ

C298t	Carpinejar, 1972- Terceira sede: elegias/Carpinejar. — Rio de Janeiro: Bertrand Brasil, 2009. 96p. ISBN 978-85-286-1384-1 1. Poesia brasileira. I. Título.
09-1226	CDD – 869.91 CDU – 821.134.3(81)-1

Todos os direitos reservados pela:
EDITORA BERTRAND BRASIL LTDA.
Rua Argentina, 171 — 1º andar — São Cristóvão
20921-380 — Rio de Janeiro — RJ
Tel.: (0xx21) 2585-2070 — Fax: (0xx21) 2585-2087

Não é permitida a reprodução total ou parcial desta obra, por quaisquer meios, sem a prévia autorização por escrito da Editora.

Atendemos pelo Reembolso Postal.

SUMÁRIO

Virtude de camaleão, por Luís Augusto Fischer   9

PRIMEIRA ELEGIA   15

SEGUNDA ELEGIA   21

TERCEIRA ELEGIA   27

QUARTA ELEGIA   33

QUINTA ELEGIA   39

SEXTA ELEGIA   45

SÉTIMA ELEGIA   51

OITAVA ELEGIA   57

NONA ELEGIA   67

DÉCIMA ELEGIA   73

Elogios à obra   81

A cinza nunca é fiel,
se mistura com rapidez à terra.
                    Miguel Ventura

Tua alegria me chamou para fora
e vi que não estava pronto.
Minha alegria te chamou para dentro
e já tinhas ido.
                    Gabriel Serpa

VIRTUDE DE CAMALEÃO

Uma das grandes vantagens da arte é proporcionar ao autor, e depois ao espectador, a condição de viver uma experiência intensa, diferente daquela que todos conhecemos na prosa distensa da vida real, esta aqui em que estamos o leitor e eu, agora mesmo. A arte nos eleva dessa condição porque reúne e concentra o que na vida está solto e diluído. Daí, conforme o caso, alçamos voo para alguma parte: o autor primeiro, o espectador depois.

Naturalmente, depois de pronta a obra o autor é perfeitamente dispensável. Cumprida a tarefa da invenção, a questão é entre o espectador e a obra, para todo o sempre, numa relação que supera em muito e até desconsidera as intenções e expectativas do autor. "E os que leem o que escreve / na dor lida sentem bem / não as duas que ele teve / mas só a que eles não têm", anotou Fernando Pessoa em meditação rápida e radical a propósito da relação entre ele, o poeta, e eles, os leitores.

Essas coisas, assim profundas como conhecidas de todo leitor, vale a pena evocar aqui, na abertura deste novo livro de Fabrício Carpinejar, poeta de idade pouca e ousadia muita, em cuja trajetória já se inscrevem alguns feitos notáveis, a que se soma a invenção desta Terceira Sede.

O primeiro impulso do leitor será o de identificar a voz que aqui fala, para procurar saber de onde vem, de que vida fala. O primeiro impulso, dito de outro modo, será flagrar a cara do personagem que tem voz aqui dentro. E será um impulso compreensível, pois que se trata de uma série de rememorações e comentários a linha dominante dos poemas destas páginas, mas um impulso inútil, penso eu. Porque aqui não há um personagem no sentido da prosa de ficção, a que estamos acostumados, aquela representação de um indivíduo que transita pela vida, de um lugar para outro, real ou imaginado, em busca de alguma coisa que satisfaça a insuficiência de sua vida.

Aqui não. Se quisermos encontrar um símile da vida real para a voz desta Terceira Sede, digamos que aqui fala uma memória, que não quer entender os mecanismos das coisas que sucedem. A voz que relata essa memória ou já as entendeu (e, na maioria dos casos, saiu derrotada do contato com elas), ou não as quer mais entender. Se quer ainda alguma coisa, será o ouvido amigável, o olho solidário. O que quer essa memória é bem menos que perdão e bem mais que compreensão.

E tudo vai dito num modo que o poeta já definiu como seu: frases declarativas, em ordem direta e linguagem mais ou menos simples, com uma volúpia por imagens perfeitamente raras. Para dizer de algum modo, há descrição direta das imagens e das sensações, mas com uma dose forte de surrealismo na passagem de uma a outra. Por mim, acho um luxo dispormos nós de um poeta a que falta o medo da metáfora, da alusão e da eventual alegoria, que desconhece o pudor do salto no escuro.

Este é um livro para ler ou horizontal, ou verticalmente. O leitor, prestando determinada atenção, ouvirá um longo e discreto gemido de dor ininterrupto, uma única meditação triste; querendo fazer por outro caminho o percurso, o leitor deparará com intervenções incisivas sobre tópicos bem demarcados — o amor, por exemplo, como em "Ando o dia inteiro a perseguir teus traços. / As esquinas se dobram como pétalas apressadas / murchando os passos. / Olho os dois lados / ao atravessar teu rosto". A experiência da vida adulta, da mesma forma: "Quantas foram as miudezas que não combinavam / com o conjunto e, na falta de harmonia, / abandonei no depósito da infância?"

Poesia, para Carpinejar, é ainda e sempre um lugar de pensar a vida, feito acontecia antes da moda arte-pela-arte e parece que volta a acontecer agora, em parcela ponderável da arte de nosso tempo. Poesia para perguntar o que cabe: "Passei a vida aprendendo a respeitar teu espaço. Como povoá-lo / após tua partida?" — eis o que nós todos, alimentados desde quase o berço pelo feminismo vencedor, nos perguntaremos daqui a algum tempo. O poeta tem a vantagem de inventar para si, e depois para nós, um lugar no futuro, lá onde ainda não chegamos, mas a linguagem pode arriscar.

"Recordo o que posso, não o que preciso", diz esta voz tão familiar que o poeta inventou, num lindo poema sobre infância perdida. Delicado, triste, elegíaco, como está anunciado e acontece mesmo, em todo o livro. Que começa estranho e termina íntimo, quase como o irmão súbito que Nelson Rodrigues julgou encontrar vez ou outra na vida, na dura vida que cabe a cada um de nós e que a poesia de Carpinejar ajuda a entender, com o coração mais que com o cérebro.

Luís Augusto Fischer

Aqui nada é real. Mas o que é real?
A literatura ou o que escapa da escrita?

A vida relatada, não sendo minha, é mais minha sendo do outro.
O menor acontecimento está ligado ao maior, como um bordado.
E, esticando um fio, desfiaremos o conjunto.

O livro é de 2045, escrito aos 72 anos.
Como posso ter morrido antes, decidi antecipar a velhice.

Primeira elegia

Só na velhice conheci o brio
de viver com vagar.
O rosto não tem mais residência, move-se a cada
sorvo das sombras.

Há mais terra debaixo da pele que a terra onde piso.
Atravessei o século e ainda não me percorri.

Qual a senha que transporto?
Serei contrabando de Deus, que vai quieto dentro,
receoso de se pronunciar?

Condiciono os amores a uma expectativa.
Mas é justamente ela que me impede de ser real.

Tornei-me o diário de uma viagem cancelada.

Escapa o ponto da veia. Não disponho de mapa
que me centralize, guia que indique meu paradeiro.
Minha atualidade é ter fome,
não evoluímos perante o alimento.

Nivelamos a cura ao veneno,
o tempo discrimina sua natureza.
O que chega atrasado ou adiantado envenena.
O que é pontual cura.

Nossas fachadas carecem de uma segunda mão.
Os moradores ancestrais e os novos
estão sobrepostos, misturados, na cor das paredes.

Descender valerá o sacrifício, se nos inventarmos.

A feição cumpre um dever ou é minha maneira
de concordar com a imperfeição?
Será que a ambição não me permite ser o que sou?
Ou realmente distraído com o que levo,
não leio os sinais, os mínimos indícios
de uma vida maior que a lealdade aos costumes?

Não sei absorver a mensagem da troca de guarda
entre a coruja e o melro. Muito menos traduzir
o que sente o cão quando percebe que a ave lacerada
não tinha ossos a compensar o esforço.

Será a fidelidade uma forma de trair?
O amor afiança a fortuna no hálito,
desterrado é pelo hábito.

Como retomar o instante que consenti, não mais
participando do mundo,
para que as coisas corressem a esmo?

20

Ao conversar com minha filha, às vezes me dói
a responsabilidade de conduzir sua inocência.
Se ela soubesse o desaviso da encruzilhada,
que aceitei uma trilha ao léu, entrei numa rua,
no casamento, pela ideia de seguir o fluxo.

Não me empurre mais, não vou por onde não sei.
Deixa-me pensar o corpo, deixa o corpo me pensar.

Segunda elegía

segunda elegia

Ser inteiro custa caro.
Endividei-me por não me dividir.
Atrás da aparência há uma reserva de indigência,
a volúpia dos restos.

Parto em expedição para provar que já morri.
E escavo boletins, cartas e álbuns
— o retrocesso da minha letra ao garrancho.

O passado tem sentido se permanecer desorganizado.
A verdade ordenada é uma mentira.

O musgo envaidece as relíquias. Os dedos retiram as teias,
assisto à revoada de insetos das ciladas.
Fujo da claridade, refulge a poeira.
O par de joelhos na imobilidade de um rochedo.

Reviso o testamento alisando a textura,
como um gramático da seda.
Desvendo o que presta pelo som do corte.

O que ansiava achar não acho
e esbarro em objetos despossuídos de lógica
que me encontram antes de qualquer pretensão.

O que fiz cabe numa caixa de sapatos.

Colecionava talhos de madeira, bonecos
adornados com a ponta miúda do canivete.
Lá estava um dos sobreviventes, desfocado,
vizinho das medalhas escolares
e dos parafusos condoídos de ferrugem.

Um autorretrato não seria tão fidedigno.
Eu era aquela frincha de chão florido, casca e húmus.

Quantas foram as miudezas que não combinavam
com o conjunto e, na falta de harmonia,
abandonei no depósito da infância?

E se faltou confiança para restaurá-las ao convívio,
faltou coragem para excluí-las em definitivo.

Somos o desperdício do que estocamos.
Não aprendemos a desaprender.
Não doamos nada, nem a palavra passamos adiante.

O porão tem vida própria e respira
o que jogamos fora.
O que refugamos na ceia volta a nos mastigar.

Tudo pode fermentar: o forro, os passos, o odor do braço.
Tudo pode nascer sem o mérito do grito,
no murmúrio ou estalar do abraço.

Tudo pode nascer, ainda que abafado.

Terceira elegia

Enrolo a lona de estrelas,
escoa a vegetação represada nas calhas.
Ecoa a estranheza, límpida.
A seiva sobe do solo e me contamina de profundezas.

Destranço meus nervos.
Cedo aprendi a falar, tarde a me calar.

O sonho é maior que a lembrança dele.
Acordo sob o impacto das ruínas, egresso
de uma civilização extinta.
Nunca vi dentes suficientemente brancos
para enxergar no escuro.

Regulei minha biografia com a idade das promessas.
Aos vinte anos, teria feito isso; aos trinta, aquilo;
no limiar dos galhos e rebentar do sumo,
consagraria as etapas anteriores.

Previ e não vinguei, como aquele feto em formol
exposto em laboratório.

Aquele fraco embrião mirando com insistência
a tampa do frasco, magro do limo do ventre,
privado do direito de germinar.

Aquela criança em posição de concha,
com as pérolas cerradas, que alegrou os pais
no anúncio da gestação, confinada a não visualizar
a voz que a alimentou. Longe de uma praia
a pacificar a paisagem do rosto.

Longa tristeza de um tempo que não aconteceu,
de uma verdade que não se cumpriu.

Primeiro tive uma missão. No final, sorte ou azar.
Me impressiono com a capacidade de acatar
o que me deram, à revelia de juízos.

Estive sempre de pé no ônibus, espremido entre o ferro
da cadeira e o rumor dos passageiros.
Educado a ser o último, cedi o lugar a gestantes e idosos.
Estive sempre de pé no ônibus, me defendendo
ao largo do corrimão de tantos rumos,
alianças e ponteiros com paradas diferentes.
E o brado irritante do cobrador ainda a exigir
um passo à frente.

O fato de não ter sido é mais trabalhoso
do que a fama. Prossegui a me imaginar,
sondando o que poderia ter vivido.
Disperso, anônimo, no comício do mar
e nas trevas.

Diminuindo o risco, reduzimos a possibilidade
de nos libertar. O medo, o medo, o medo
é o que nos faz escolher.

Descobre-se um amor
na iminência de perdê-lo.

Quarta elegia

Quanto senso a sentinela exige ao cumprir sua noite?
Não tenho coragem de discordar do meu nascimento.

Tenho uma desaparecida. Ao separar a polpa das cortinas,
aguardo a pronúncia do portão; impassível, aguardo a carta,
o envelope com a letra trêmula de uma vela.
Guardo a fome, o prato velado, viúvo no linho da mesa.
Disfarço o pranto. Levanto a voz que logo desmaia.

Nem o oceano traz o que peço, a maré vem pedir esmola
com o chapéu de espuma. Nem o pássaro canta o que desejo,
conta os dias do inverno, servindo de leme ao fruto
e relógio de pulso da árvore.

Tenho uma desaparecida que espero para jantar,
o pão como a sala, esvaziado da ternura do miolo.

Vou desaparecendo no que vejo, antes que a dor seja notada.

Lateja a culpa de estar livre.
Tenho uma desaparecida, uma foto na carteira,
preservada como um bilhete premiado.

Meus olhos não estão alinhados, não me chames a sorrir.
Com a nudez colada ao solo, pressinto a terra
formigando.

O ar não se renova abrindo as janelas.
As prateleiras realizam a escolta, vigiando a saída.
Tua cama é um feriado religioso.

O amor termina em egoísmo.
Falta-me talento para esquecer.

Ando o dia inteiro a perseguir teus traços.
As esquinas se dobram como pétalas apressadas
murchando os passos. Olho os dois lados
ao atravessar teu rosto.

Refaço teu roteiro preferido, as ladeiras
se espreguiçando no rio, o chalé da Praça XV, o museu,
o viaduto da Borges. A luz dá voltas na quadra
buscando uma vaga em meu jeito vago.

Viver é o máximo que te prometo.
No espaço miúdo entre as duas datas
que te definem.

Haverá um homem afastado da esposa,
um filho dos pais, os pais dos pais, Deus de Deus.
Haverá uma ausência e o terror de não ser
atento o suficiente.

Quinta elegía

O que o fogo já leu de cartas. É o derradeiro confidente.
Recolhe os rascunhos, o que escondemos no fojo.
Desfia os amantes, os desafetos, os crimes.

A sina do fogo é soprar cinzas. Nossa sina é sobrar nas cinzas.
Sou capaz de aniquilar um amor
para ver o que repousa em seu fundo.

O mundo é alheio, nos portamos como visitas.
Cresce a vergonha de minhas dúvidas.

Experimento a agressividade nos pequenos gestos,
espanco o cigarro até apagar. Meu bem-estar
é estar de bem com toda a gente
e isso é impossível.
Nem em minha família fui unânime.

A combinação é ficar sozinho, na morte sozinho,
na dívida sozinho, na fé sozinho.
Circulamos na aurora e deitamos exaustos
no conforto do erro. Eu na margem direita,
tu, na esquerda, ambos procurando apenas
a serventia de um leito.

O silêncio constrange, tudo pode estar incluído nele.
Sem repartir a solidão e o entendimento,
não há duração que se estenda.

Nem os pássaros firmam consenso na migração.
Abaixo do pomar das asas, o desacordo das patas.

O que dizer de nós?
Não nascemos um para o outro, mas um no outro.

O que dizer aos que pretendem dormir casados
no quarto limpo da terra?
Que só há os lençóis de solteiro da semente.

O que dizer aos que são obrigados a servir sua metade
e anulam a metade que eram?
Que o inferno é a raiva que nos protege.

Penso demais, suspeitando da veracidade dos olhos.

Minha origem rejeita despedidas.
O judeu persegue um violino perdido; o cristão,
um cálice soterrado. Desconheço para onde vou.
Armo o voo porque me espantam com migalhas.

Não pagarei o resgate de Deus; Deus não me resgata.

Cobrir os pés da filha, arrumar as cobertas
e beijar sua testa é meu modo de rezar.

Quantos casam para morrer de cansaço?
E eu, apartado de ti, até a danação seria caridade.

Compreendo que a separação não surgiu de repente.
Ela acumula perdas.
Uma conversa que ficou entreaberta, os corpos
que não se enlaçaram, os copos que não brindaram,
um aceno suspenso na espera, um sim que foi tolerância,
um não que foi desafogo.

Os vazios nos preencheram.

Sexta elegía

Era raro permitir-se joias,
as orelhas desfolhadas como o inverno.
Resignado, colo teus brincos quebrados.

Onde estás? Residindo no desconhecido
ou resistindo em meu conhecimento?

O paraíso é a paz ardente, renúncia terrena,
terra esquecida.
Ainda que não me lembre, legarei memória.

Onde estás? Tua cor morena,
o crepúsculo contornou a encosta e não encontrou igual.
Onde estás? Teus olhos africanos,
a escuridão encorpou os córregos e não encontrou iguais.
Onde estás? Os músculos de teu ventre,
o vento revirou a tempestade e não encontrou iguais.

Acreditei que te aproximavas e recuavas,
como uma ilha nadando de costas.
E não encontrei amor igual.

Que a água aceite as curvas da guitarra,
que a paixão seja sonora como a sombra do carvalho,
leve como o cavalo sem sela.

Morreria tantas vezes desde que fosse possível
economizar tua morte.

Que a flauta da porta avise o retorno,
que a neblina fique acima da luz escura do vinho,
que a esponja da relva alivie a chaga do tronco,
que a espora da chama queime o pampa por inteiro,
que o sabor saciado não nos deixe tristes.

Quantos acreditaram que se amavam
nos vendo, inclusive nós.
Onde estás?

Não prometo que as laranjas amadureçam
arredondadas, que a colmeia transborde brasas,
que a horta de verduras seja eito de ventura.

Não peço que leias pensamentos, muitos deles te feriram.

Quero te deixar enfurecida, ofender tua insônia.
Quero bombear mais rápido teu sangue,
ciscar no idioma uma palavra que te maltrate.
Quero ser tua impaciência esfriando devagar,
rir de tua loucura ajeitando as malas.

O jogo de cena contenta os casais que ensaiam seus papéis.
Não a nós, aprumados na contenda.
Nossos corpos foram moldados à discordância.

A mesma proximidade que mata, salva.

Ocultemo-nos um pouco. Que separes lembranças
a confiar aos outros. Que reserves aos amigos
noites de bar. Que não me aborreças
com pormenores de relações passadas.
Que eu não mexa em tua correspondência,
não reviste tua bolsa.
Que seja homem de uma única mulher,
como uma banda de um único sucesso,
como um poeta de um único livro.
Que não me digam: a poesia é hereditária.
Os filhos não merecem nossa culpa.

Que o segredo não seja amaldiçoado em degredo.
Que a confissão não apague a avidez dos pecados.
Que a reconciliação faça desabar crenças.
Que o envelope do sereno feche nossa rua.
Que eu entenda ainda que tarde, agora sem ti,

Deus improvisa.

Sétima elegia

○ ◐ ● ◑ ○

Essa sensação de ir descalço, a camisa
cheirando a sol de varal.

Tu, minha mulher, eras corrente e água calma,
as oscilações da palha e trigo.

Teu corpo arvorava nos lábios indecisos ou nos cabelos?
Na encosta da cinta ou nas dunas dos seios?
Quando começavas a te revelar? No desejo apetecido
ou na fome de um filho?
Como definir se a luz deitou as vestes?

Cumprias distâncias em mim.
Madrugando não alcançaria.

Venho de tua lonjura, os braços eram remos
no barco e aço da âncora.
Acostumado à extensão das raízes,
não sobrevivo no vaso dos pés.

Passei a vida aprendendo a respeitar teu espaço.
Como povoá-lo após tua partida?

Hoje meu único ouvido é a respiração; o barulho
da asma denuncia a altura. Mergulho no pulmão
a reerguer um afogado e o pavor me impele
a subir de mãos vazias.

A verdade é impura. Em todos os momentos, ela separou
e não uniu. A verdade não foi feita para estar
na boca de um homem.

A obra convence pelos fragmentos, ninguém a lê inteira.
Não sou dono do que amo. Nem os anos, garantias de planos.
Podo os ramos e fertilizo a ferida. Vou começar
e concluir a leitura em ti, minha mulher.
És a página que dobrei para retornar, o manuscrito
que nunca acordei de completo.
Contraio as pupilas,
viajas clandestina nos poemas que virão.

Como antes, te espero para sair,
suportando o atraso.
Mas nada te trará novamente. Não serás devolvida.

Nem o espelho foi meu cúmplice.
Teus aniversários não acendem mais.
O fósforo está usado; o pavio, umedecido. Não serás levada
ao mercado público com roupa de domingo, não puxarás
a ponta de minha camisa como uma menina.

A pedra é fria. A escada oferece o colo dos degraus.
Desfeita a perenidade, aparento uma eternidade avançada.

Não escrevo para me expor, mas transpor o escrito,
reavivar a natureza-morta. As palavras, como peras,
perecem ao toque. E é tarde para não mastigá-las.

Palavras e palavras destruíram as que me dariam significado.
Mudei de endereço e nenhum sinônimo me localiza.

Os mortos são ingratos, não morreram em nós.
Os mortos vão nos vivendo em vão.

Extinta a chama da pele, a alvorada me vencerá
e qualquer falha será rio e riso da alvura,
penumbra à comoção das cigarras.

Essa morte não posso contê-la,
é a última chance para te servir.
Orgulha-me o volume da queimadura.

Oitava elegía

Mostro compaixão aos que se consumiram,
uma compaixão que é vaidade em não ser.

Quase atingi meu extremo. Não há registros
e prontuários médicos. Com a mão apertando firme
a maçaneta do casaco, a alça de prata, desisti,
deduzindo o que havia dentro.

Nenhuma profecia me amparou, os anjos não me cercaram.

Sou um quase, a efígie não sorteada da moeda,
o naipe de um blefe, o que silencia de vergonha,
o acuado pela enxaqueca, o que circunda amuado
a roda de capoeira.

Decifro o que pontuam a meu respeito,
no misto de complacência e escárnio:
velho deserdado, sem ânimo nos ombros,
pura ânsia de se lançar às feras.

Não me abrevio a um universo explicado.
Minha atitude é a da partida. As dores,
mesmo as antigas, são sempre recentes.

Estou no topo da cadeia alimentar, com a urgência
em vagar a cadeira. As pernas vesgas, em declínio,
apontam a direções opostas.

A beleza se esgotou com rapidez e inconstância.
A imortalidade ali na frente parece imoral,
não combina com a escassez e o encolhimento.

Observo mais que o permitido pela elegância.
O professor no bar, com a borra de café
parada no olhar.

Bate uma vontade de sê-lo e me descrever
com isenção, na ciência do desatino,
desligado da consciência enferma e do sinal de nascença.

Ele vai acompanhado de uma adolescente,
uma aluna, quem sabe, com o perfil de sua filha.
E gesticula patético juras de amor.

É patético um senhor enamorado, na regressão paga do prazer.
É patético eu o condenando, como se estivesse em liberdade.

Peço a gentileza de vedares as venezianas e as frestas,
senão eu entro. De vedares o silêncio, senão eu entro.

Minha obsessão é estragar a festa que não fui convidado.
Quando pretendo agradar, agrido. Quando pretendo agredir, agrado.

Desconfio que não seja como me acostumei.
Desde a vez que vestiram eu e meu irmão caçula
com o conjunto azulado de marinheiro.
Não éramos gêmeos, muito menos parecidos.
Desconfio de que me escondem algo.

Ponho um documento importante num canto secreto
e não recupero, tão secreto que era.
Enterro para esquecer, esqueço para guardar.

A terra aqui é desossada;
as artérias da aurora estão bloqueadas.

Os pássaros caíram ao pé das árvores,
como sapatos de criança. Uma centena deles
em queda definitiva.
O céu estaria envenenado? Foi a coronhada de um relâmpago?

Enrugadas, ínfimas, as aves são varridas,
disfarçadas de folhas secas, ao meio-fio da calçada.

Os animais encarnam melhor nossas virtudes.
A esperança é própria do boi pastando.
A cólera é do cão esticando a coleira.
E o cavalo, fiel, decora o trajeto
ao suave impulso das rédeas.

A terra aqui é desossada;
o sol vem por baixo, sorrateiro.

Meu duplo ocupou o lugar, um ente vocacionado a errar,
que bebia além do vício, amava com os punhos fechados.

Meu duplo ocupou o lugar e era eu, aceitemos, era eu.
Fui o que não direi, o que ninguém dirá, um desvio
de sobrancelhas.

Cometi impulsos e vacilos, impurezas
e fantasias de homicida. Quem não as teve?
Que atire a pedra e será tijolo em meu muro.

Pureza havia nos poetas russos, que cortavam os pulsos
e tingiam paredes de versos e sangue.
Pureza havia ao adotar uma estrela
e rastrear sua extinção. Ou em socorrer um raio,
demarcando, a partir do estrondo, a longitude de seu tombo.

Pureza não há na sobrevivência.
Ainda que deitado, o gás da cozinha não responde.
Teu avental era o andar da labareda, arredando os temperos
e a resina das plantas.

Tentei dissimular meus defeitos,
a gana de cuspir reprimida, o ciúme insano
de afastar a concorrência e prender tua atenção.
Nunca me tomaste por um estranho.
Tua intimidade ainda me assusta.

Não sei o peso do meu corpo sem contar
com a medida do teu.
Deslembrarei, não mais confirmas o que vejo.
Depois de tua perda, sou eu que não existo.

Os comprimidos não me motivaram
a derrubar tuas peças do cabide,
empacotá-las.
Evito descerrar teu armário;
é como descer junto na cova.

Como avisar a teus pertences que foste embora?
Pertenço a eles, renovo o lustro com o tato minucioso.
Como te honrar na despedida? Logo eu, ocioso de tuas predileções.
Logo eu, que verti teu dialeto e extraviei
a sonoridade do original.

A vontade é me indiciar pela omissão.
Não compensei a companhia.
Indiciar as flores fechadas do pessegueiro,
as andorinhas embebidas dos liquens,
a sonolência dos peixes que não repuseram suas escamas,
o andor das nuvens que não enegreceram.

Indiciar minha pele não te manteve perto e aquecida.

O pente mordeu teu cabelo e a mecha desliza, solidária,
na linha do destino que havia em minha palma.

Te descrever é invadir um mistério.
A distância nos enobrece.

Nona elegía

A morada em que nasci ondula no ouvido, demorada.
A água-furtada congela, a tesoura da cordilheira
poda as uvas e o cristal da vide. O quintal estende os uivos
pela vizinhança.

Na morada em que nasci é possível entrar
a qualquer estação, alienada das órbitas do fruto.

Dispensa chaves e aldravas, combinação de avos e travas.
O corredor caminha, a galeria de retratos caminha,
o túnel familiar caminha, levando minha mãe.
Do círio rente à face seus cílios ardem no escuro.

A morada em que nasci me habita.

A infância é a humildade do mel, o enxame dos astros,
um vento parado vendo o tamanho do seu lastro.
É coisa sobrenatural a nós que amadurecemos
perdendo a naturalidade.

O fio da infância se rompeu ou foi adulterado?
Recordo o que posso, não o que preciso.
Amarrar os cadarços nas canelas, entortar colheres no solo,
criar chuva sacudindo a copa das árvores.

Recordo o que posso, não o que preciso.
A primeira vez que vi alguém chorar foi a avó
e ela abanou negativa. Minha fé falhou
ao tentar remover o cisco de seu olho.

Nunca me curei de não ter sido santo.

A fragilidade nos fortalece.
Desmoronamos em alguns segundos.
Desmoronamos no aviso prévio.

Tive amigos desempregados que cansavam somente
no final de semana, quando todos descansavam.
E a semana era a espera do final de semana
quando ninguém perguntava o que eles faziam
impunes na rua.

O desemprego é o falecimento social, o primeiro obituário.
O segundo não atinge o fundo, nem abriga garantias.
É desempregar-se de uma vida.

Lavei a esposa doente. Lavei a esposa enquanto se ia.
Tirei suas roupas sem desejo, o imenso carregado
e posto em estreita banheira.
Ensaboar o que não se move, o que não respira,
ensaboar o invisível.

Desmoronamos.
Cuidei do tremor dela com meu temor
e o desespero me reconheceu como seu pai.

Imaginava a morte lírica, a córnea forrada
de ervas, a lua laminando a barba de abelhas.
Quando é física, nenhum vocábulo ou pensamento é novo.
Empenhamos a mesma prece desde os imigrantes,
o mesmo grito afoito, o mesmo rito das gaivotas.
A morte nos conserva.

Encerrados na superfície
encerada, a fundura ilesa,
as juntas com as rodas represadas na areia.
O embarque é ligeiro, ao saque das notas do arco.

Ela se preparou ao desenlace,
restringindo gradualmente os territórios,
da cozinha a uma bandeja, da sala a uma gaveta
do corpo ao túmulo.

Décima elegía

Só na velhice o vento não ressuscita.
A água dos olhos entra na surdez da neve
e escuta a oração do estômago, dos rins, do pulmão.

O sono desce com a marcha dos ratos no assoalho.
Tudo foi julgado e devemos durar nas escolhas.

Só na velhice os grilos denunciam o meio-dia.
O exílio é na carne.

Esmorece o esforço de conciliar a verdade
com a realidade.
A neblina nos enterra vivos.

Só na velhice o pó atravessa a parede da brasa,
o riso atravessa o osso.
Deciframos a descendência do vinho.

Os segredos não são contados
porque ninguém quer ouvi-los.
O lume raso do aposento é apanhado pela ave
a pousar o bule das penas na estante do mar.

Só na velhice acomodo a bagagem nos bolsos do casaco.
O suspiro é mais audível que o clamor.

Recusamos o excesso, basta uma escova e uma toalha.

Só na velhice os músculos são armas engatilhadas.
O nome passa a me carregar.

É penoso subir os andares da voz,
nos abrigamos no térreo de um assobio.
Pedimos desculpas às cadeiras e licença ao pão.

O ódio esquece sua vingança.
Amamos o que não temos.

Só na velhice digo bom-dia e recebo
a resposta de noite.
Convém dispor da cautela e se despedir aos poucos.

Só na velhice quantos sofrem à toa
para narrar em detalhes seu sofrimento.

O pesadelo impõe dois turnos de trabalho.
Investigo-me a ponto de ser meu inimigo.

Sustentamos o atrito com o céu, plagiando
com as pálpebras o voo anzolado, céreo, das borboletas.

Só na velhice há o receio em folhear edições raras
e rasgar uma página gasta pelo manuseio.
Embalo a espuma como um neto.

Confundimos a ordem do sinal-da-cruz.
O luto não é trégua e descanso, mas a pior luta.

Só na velhice a forma está na força do sopro.
Respeito Lázaro, que a custo de um milagre
faleceu duas vezes.

O medo é de dormir na luz.
Lamento ter sido indiscreto
com minha dor e discreto com minha alegria.

Só na velhice a mesa fica repleta de ausências.
Chego ao fim, uma corda que aprende seu limite
após arrebentar-se em música.
Creio na cerração das manhãs.
Conforto-me em ser apenas homem.

Envelheci,
tenho muita infância pela frente.

ELOGIOS À OBRA

"*Terceira Sede* representa uma novidade nos (eternos) modismos poéticos do Brasil, mantendo distância tanto das fórmulas concretistas quanto do prosaísmo dos epigramas engraçadinhos. Preste atenção no formato da própria elegia, que, clássico e raro nos dias que correm, é capaz de construir uma unidade temática como a proposta, explorando com mais riqueza as possibilidades do verso."

BRAVO!, in "Os lançamentos do mês na seleção de *Bravo!*", janeiro de 2002, ano 5.

"Um livro denso e raro, ainda mais se contraposto ao cenário anêmico da poesia brasileira de hoje. Desenrolar laços, num ambiente em fragmentos. Procurar sentidos, entre tanta gritaria. Buscar conteúdos, em meio à falsificação e ao pó. Fazer da poesia um caminho de conhecimento, chegar a si: 'Não me empurre mais, não vou por onde não sei'."

JOSÉ CASTELLO, in "Dez elegias impecáveis, para nos reconciliar com a poesia", Caderno 2, *Estado de S. Paulo*, domingo, 3/2/02.

"Pode-se afirmar que o mesmo despojamento transita do conteúdo para a forma linguística e, por isso, *Terceira Sede* vem inaugurar uma fase do autor, que se mostra liberto de expressar-se exclusivamente por metáforas. Claro, elas existem, e muitas, e altíssimas, mas que se apresentam com suas próprias chaves para serem percebidas. Carpinejar sabe que o que importa é a serventia da imagem, e não seu encobrimento por códigos; contudo, jamais deve passar pelo leitor sequer a sugestão de que Carpinejar agora escreve poesia 'fácil'; o que se pretende dizer é que sua poesia, simplificando-se, manteve intocada toda a sua invejável qualidade estética, a qual precisa, e muito, da colaboração de um leitor sofisticado, que entenda a poesia como um universo de referências emocionais, sociais e culturais."

LUIZ ANTONIO DE ASSIS BRASIL, in "Poeta da distância e da concisão, compromissado com o que há de vir", *O Globo*, caderno Prosa & Verso, Rio de Janeiro, 15/6/02.

"Carpinejar ainda não fez 30 anos e já é autor de composições que não vão desbotar tão cedo: 'Quero ser tua impaciência esfriando devagar/ rir de tua loucura ajeitando as malas'. Ele brinca com sons como artista maduro: 'Só na velhice o pó atravessa a parede da brasa,/ o riso atravessa o osso./ Deciframos a descendência do vinho.' Exemplar da literatura que excita, *Terceira Sede* contém descrições cotidianas que, recriadas com arte, escancaram e fazem rejeitar a gororoba verbal oferecida nas conversas triviais, nas legendas dos filmes, nos diálogos das novelas. Bom mesmo é passar os dias e as noites lendo. 'As palavras, como peras, perecem ao toque. E é tarde para não mastigá-las.'"

CRIS GUTKOSKI, in "Surpresas poéticas à prova de fogo", *Zero Hora*, Segundo Caderno, Porto Alegre, 3/11/01.

"Um dos melhores livros de poesia de 2001, em forma de 10 elegias compostas quando o poeta está no esplendor dos 29 anos, mas imagina um memorial para o ano de 2045."

DEONÍSIO DA SILVA, in "Os livros do ano", *Observatório de Imprensa*, N.º 153 – 1/1/02.

"Num momento em que a cultura dominante se funda na manutenção da juventude, uma juventude convertida em infantilidade e futilidade, Carpinejar inventa uma imagem sua na velhice, numa quadra de comércio intenso com os símbolos da morte. Ele se vê aos 72 anos, vivendo as horas do fim. As elegias defendem que a ideia da evolução ou mudança é falsa. Somos sempre os mesmos, velhos diante de uma infância cifrada."

MIGUEL SANCHES NETO, in "A cidade efêmera e eterna (I)", *Gazeta do Povo*, Caderno G, Curitiba, 17/12/01.

"Demonstra muita delicadeza e inventividade. É impressionante."

CINTIA MOSCOVICH, in "Dicas para a leitura de férias", *Zero Hora*, Segundo Caderno, Porto Alegre, 2/1/02.

"O fato de criar, aos 29 anos, uma voz que diz: 'Só na velhice a mesa fica repleta de ausências', Carpinejar faz uso de uma fina ironia para contaminar o antigo, o 'clássico', com procedimentos contemporâneos, pois se torna criador do elemento 'tempo': um híbrido feito de passado, presente e futuro. (...) Carpinejar, com seu expressivo livro, passou na prova do famoso provérbio chinês: 'Quem não reflete repete'."

> RICARDO CORONA, in "Sem cheiro de naftalina", *Gazeta do Povo*, coluna Texto, contexto, Caderno G, Curitiba, 21/1/02.

"Assim como Rilke e outros bons poetas, Carpinejar busca nas elegias a arma para combater um certo marasmo que tende a nos visitar. Com força, questiona-se."

> ROGÉRIO PEREIRA, in "As cinzas do vulcão deixam frestas no céu", *Jornal do Estado*, Curitiba, 26/11/01.

"Quem não se emocionar não é humano."

> PAULO POLZONOFF JR, in "Jovem velho poeta jovem, *Jornal do Estado*, Curitiba, 14/6/02.

"Carpinejar, acima de tudo, tem a ousadia do salto. É como se, a cada novo trabalho, eu o veja no exercício do salto, da extensão da linguagem, do adensamento da sensibilidade."

> ILDÁSIO TAVARES, in "Três livros de qualidade", *Tribuna da Bahia*, caderno Lazer, Salvador, 13/1/02.

"Carpinejar é o poeta do lirismo puro. Não rebusca, mas, na simplicidade da composição de sua escrita, deixa claro o diamante em lapidação do cotidiano dele e de todos nós. Enxerga beleza onde muitos não a veem, sabendo que a invisibilidade não representa inexistência."

> IZA CALBO, in "Jorro poético", *A Tarde*, caderno Cultural, Salvador, 11/5/02.

"*Terceira sede* é obra ímpar na literatura brasileira. As dez elegias que compõem o livro são narradas por um homem sem nome, que bem poderia chamar-se José, o do poema de Drummond, ou o outro José do romance *Todos os nomes*, de Saramago."

NICODEMOS SENA, in "Carpinejar: esquecimento e memória", *Estado do Tapajós*, Variedades, Santarém, 30/5/02.

"Não se pode sair do livro dele com a alma em silêncio. Fabrício nos aumenta a sede da poesia. E, em particular, da grande poesia que escreve. Maiúscula e definitiva."

JAIME VAZ BRASIL, in "Carpinejar: o homem que se fez verbo", in *Revista Orpheu Digital*, n° 9, maio de 2002.

"Apresenta-se, o poeta, como um poderoso elixir a superar expectativas no cenário da poesia brasileira."

JORGE PIEIRO, in "A velhice do poeta é terna",*O Povo*, caderno Vida e Arte, Fortaleza), 23/4/02.

"Hálito novo na poesia brasileira contemporânea, que ultimamente vinha oscilando entre a raquitismo e o falso experimentalismo. Do jovem poeta gaúcho Fabrício Carpinejar, um vento novo traz, às pampas, uma poesia que tem como marcas a maturidade."

RONALDO CAGIANO, in "Os ventos que vêm do sul", *Hoje em Dia*, caderno Brasília, Belo Horizonte, 19/5/02.

"O poeta toma o futuro como seu observatório mirante, local de onde parte seu ponto de vista, e não propriamente como 'objeto' dos poemas, pois a voz idosa que perpassa os textos volta-se para o que vive o poeta 'hoje', o nosso presente. *Terceira Sede* funciona, dessa maneira, como um diário deslocado no tempo (um memorial prematuro?), e o leitor verá, por trás dos cabelos brancos, o quanto essa desarticulação do olhar tem da juventude da poesia."

TARSO DE MELO, in "Antecipações do jovem poeta", *ABECÊS*, coluna Lesa-palavra, Santo André, 10/11/02.

"Uma terceira sede que se põe, no território da lírica brasileira contemporânea, como uma terceira margem, na medida em que, enredada num fio de alta voltagem artística a que não faltam as vozes de um Goethe, de um Rilke, de um Fernando Pessoa e de um José Régio, por exemplo, nem cede ao convite espontâneo dos confessionalismos sentimentais nem tampouco à antipatia formal dos experimentalismos acadêmicos."

HIDELBERTO BARBOSA FILHO, in "Uma sintaxe do inolvidável em *Terceira Sede*", *A União*, João Pessoa, 21/4/02.

"Fabrício Carpinejar, pela excelência de sua poética, insere-se na melhor tradição elegíaca brasileira, ao lado de nomes como Alberto da Costa e Silva (que curiosamente tem também um pai poeta) e Mauro Mota, enriquecendo-a na celebração da perda.

ASTIER BASILIO, in "A eleição da elegia: a poesia de Fabrício Carpinejar", *A União*, João Pessoa, 11/5/02.

"A poética de Carpinejar move-se nesse entrecruzamento de experiências que aspiram à cartografia de uma espécie de memória coletiva, lá onde o sentimento incômodo de ser e estar no mundo possa ser apanhado na súbita fulguração de um instante, somente possível de ser apreendido pelo resistente e libertário discurso da arte."

JOSÉ MÁRIO DA SILVA, in "A terceira sede de Carpinejar",
A União, João Pessoa, 17/8/02.

"Decidido a mergulhar na terceira idade, disposto a 'antecipar a velhice', o poeta comparece agora com o seu crepuscular *Terceira Sede*. E o curso do livro, dividido em dez breves manipulações do assombro, harmoniza-se plenamente com o tom elegíaco adotado pelo autor. A voz que costura a trama lírica, composta 'como um bordado', um tecido repleto de diálogos íntimos e bem coordenados, de retomadas sucessivas, de aprofundamentos fraturados e dissonantes, essa voz conhece o sulco dorido de seus muitos eus, sabe que toda identidade se estabelece a partir de um precário equilíbrio."

IACYR ANDERSON FREITAS, in "O fim como origem",
Vox XXI, N.º 19, Porto Alegre, junho de 2002.

"A melancolia transborda no verso que se escande em inúmeras tentativas de fazer arqueologia do sofrimento, da angústia, da perda. (...) Cravados em pedra, no mármore frio da palavra cruel da despedida, os amantes entendem a máxima lição de Lázaro: morrer duas vezes. Uma de amor, de poesia, e a outra, por um equívoco."

LYSLEI NASCIMENTO, in "Expedição sem mapas à agonia", *Diário da Manhã*, Goiânia, caderno DMRevista, 16/7/02.

"Grande façanha para alguém com idade inferior a trinta anos seria ver o mundo com olhos de quem alcançou os setenta e dois. Afinal, de que informação disporia a não ser a dos dias de hoje? Elas estão aí... Um sintoma do que a sociedade que geramos poderá deixar de herança aos seus pósteros é a queima de etapa do que hoje se entende por infância. E o que se terá posto em seu lugar? Algo parecido com certos grupos de 'terceira idade' que mergulham na diversão para evitar o choque com a idade avançada? Onde estaria a raiz do equívoco? Talvez em desconhecer que a velhice não é um gatilho que dispara no futuro, mas uma forma que já se insinua nas dobras do presente."

MARIA DA PAZ RIBEIRO DANTAS, in *"Terceira sede*: do réquiem à celebração", *Diário Oficial do Estado de Pernambucano*, Suplemento Cultural, Recife, Ano XVII, outubro de 2002.

"As elegias de Carpinejar fazem também uma declaração de amor à memória e a tudo o que a ela se refere. Grande pequeno livro."

FERNANDO PY, in "Alguns Poetas", *Tribuna de Petrópolis*, Petrópolis, 1/6/03.

"Louvo seu poema, de quem nasceu para o ofício."

THIAGO DE MELLO, 1º/4/02.

"Como se estivéssemos diante de uma perda irreparável, como se concentrássemos em nós o lamento por todos os amores – a qualquer momento, precocemente – findos, como se estivéssemos imobilizados pela perpétua ausência do outro, já confundido em nossa noção de futuro, é que podemos fruir as imagens, tão perturbadoras, provindas da escrita delicada do poeta Fabrício Carpinejar."

VÍVIEN GONZAGA E SILVA, in "A sobrevida do amor: o lirismo revisitado", O eixo e a roda, *Revista de Literatura Brasileira UFMG*, volume 8, agosto de 2002.

"Mais filosófico que Bandeira, mais denso também, Carpinejar, no entanto, não deixa de carregar a poesia que encanta. Sim, porque a poesia mais densa talvez não encante tanto, mas esta encanta muito, é mágica. 'Os mortos são ingratos, não morreram em nós./ Os mortos vão nos vivendo em vão': espetacular! Ou: 'Lavei a esposa doente./ Lavei a esposa enquanto se ia'. A linguagem é uma força capaz de rever o tempo. Raro um poeta deste calibre. Rara a poesia que reúne encantamento com densidade do texto questionador e forte."

GERANA DAMULAKIS, 28/2/02.

"Belíssimos alguns versos; audacioso o tema. Mas o talento, a genialidade não suprem a experiência, como foi o caso de Rimbaud. Carpinejar, na plenitude dos 30, imaginar-se um velho de 72 anos, foi um golpe que só uma poderosa imaginação poética pode explicar. 'Amamos o que não temos.' Extraordinárias elegias. Não vejo nada parecido na literatura brasileira."

ADRIANO ESPÍNOLA, 9/2/02.

"Belas elegias. Não tenho dúvidas em afirmar que a poesia de Carpinejar melhora a cada livro. Não desmerece em nada a grande e generosa lírica gaúcha, que no passado já nos deu poetas da envergadura de Mario Quintana e Augusto Meyer. O autor sabe, como certos poetas não sabem, que 'ser inteiro custa caro'."

IVAN JUNQUEIRA, 2/2/02.

"Vale pelo belo exercício criativo."

E Aí?, in "Destaques", Porto Alegre, de 2 a 8/11/01.

"Os dez vaticínios do ontem, quero dizer, as dez elegias que compõem o livro de Carpinejar parecem ter sido escritas de pé, pessoalmente, em um estado febril e inadiável."

MARLON DE ALMEIDA, in "Terceira Sede", *Porto & Vírgula*, Secretaria Municipal de Cultura, Porto Alegre, 14/11/02.

"Que bela surpresa essa *Terceira Sede*, que, a meu ver, alça a um patamar ainda mais alto na poesia de Carpinejar, associando comunicabilidade (mesmo que seja a comunicação da perda ou do desespero) a uma alta densidade emotiva."

ANTONIO CARLOS SECCHIN, 30/10/01.

"É um belo poema narrativo, com personagens semiocultos sob as metáforas carpinejarianas, num ritmo poderoso que se mantém do começo até o fim do livro. Seu grande esforço de imaginação — imaginar o modo sutil, ou menos sutil, do tempo passar (e ultrapassar) cada pessoa —, sua piedade e sua emoção são, mais uma vez, o motor de um poema dividido em dez elegias em nenhum momento 'artificiais' no tema, autoproposto, da velhice que você ainda não viveu. É como se a tivesse vivido."

FERNANDO MONTEIRO, 30/10/01.

"Sinto se sou um tanto espalhafatoso nos meus comentários sobre *Terceira Sede*. Mas neles não existe o menor resquício de favor ou fitinhas, como diria Quintana. Eu, se tivesse tempo agora, poderia tranquilamente dar várias razões do que eu disse. Em suma, é o seguinte: é um livro (repito, um livro, pois é o que ele é, e não coleção de guardados) com um grau de estranhamento inigualável na poesia jovem brasileira. E, incrível: Carpinejar deixou de ser filho do poema para ser esse personagem das eras. Na minha modesta opinião, era disso que estávamos precisando: abandonar a palavra confeitada para inserir o canto na História (no Tempo, melhor), na narrativa da

Memória, alguma forma no épico, mas um épico vivo, revigorante, absolutamente estranho, inaugural."

JOÃO GILBERTO NOLL, 6/11/01.

"Acabo de ler os poemas do *Terceira Sede*. São muito bons! E olha que sou duríssima para dar elogios."

LYA LUFT, 18/11/01.

"*Terceira Sede* li num gole, está muito bom, bom mesmo. Uma 'narrativa' poética, digamos. Excelente a ideia de ir envelhecendo, ir mofando os versos. A 'Décima Elegia' é uma das coisas mais bonitas que já li. Prezo pela linguagem e pelo tema. A poesia de Carpinejar nos humaniza. Poesia que vai no fundo e chafurda."

MARCELINO FREIRE, 29/10/01.

"Foi com muita emoção que li *Terceira Sede*: está estupendo. Carpinejar é, sem dúvida, um dos maiores poetas brasileiros da atualidade e me sinto orgulhosa de ser sua contemporânea. Li e reli vários versos, sublinhei, parei, pensei, voltei, continuei. Que bela viagem."

MARTHA MEDEIROS, 5/11/01.

"Belíssimo trabalho."

LIVIA GARCIA-ROZA, 27/10/01.

"Acabei de ler *Terceira Sede* e dois sinais de que gostei: deu vontade de escrever poesia e já passei aos amigos."

SÉRGIO FANTINI, 14/2/02.

"Olha, nunca fui muito fã de elegia. A melancolia que a habita faz-me mal. Me lembram Ovídio, Sá de Miranda, um tempo mítico que me entristece quando o comparo com os dias atuais. Gosto de poesia, mas da modernista juramentada, do poema-piada, das tiradas murilianas, leminskianas, essas coisas. Mas as elegias de *Terceira Sede* são prosa pura! E da melhor qualidade. Leem-se como se leem as novelas, os romances. Como muitos poemas do Pessoa, que são, na verdade, contos."

NELSON DE OLIVEIRA, 22/11/01.

"Confirmo uma coisa tão rara: Carpinejar é um poeta dos mais legítimos: quero dizer assim: só pode fazer a Poesia quem a faz com Inocência, quem preservou sua inocência, mas para isso é preciso ter Pudor, viver em pudor de viver, em si e no mundo: daí, dessas duas camadas, então emerge o Monstro e então se faz a Poesia como ela quer se fazer: com Inocência: quer dizer: com uma Ignorância de Si que Sabe a Vida visível porque a está vendo-sem ver já em sua presença invisível dentro do humano, do Umanoh. "Desfeita a perenidade, aparento uma eternidade avançada", diz a Sétima Elegia. Do já ainda tão bonito *Um Terno de Pássaros ao Sul*, Fabrício dá um passo mais rarefeito de intencionalidades explícitas e é com ele que pisa-escorregando no já belo *Terceira Sede*. Mas o que eu ainda posso te dizer? E se deve dizer alguma coisa de poemas ou ficar no silêncio só ouvindo o que eles se dizem a nós? Não misturar os grunhidos de outras palavras: as palavras-pensamentos, ao que se-conseguindo ser palavras-aquém que se mantém no Pudor e se nutrem da Inocência. Assim é mais sereno o que já não é mais o Dizer, o Ler, mas o enfim só se deixar ficando vogando entre as vogais consoante o entre dito."

VICENTE FRANZ CECIM, 4/12/01.

"Um livro de poemas pode ser uma canção de ninar, cantada por um louco. O poeta finge que te embala, mas no fundo te desperta. Para quê, meu Deus? Não temos problemas suficientes? Já não temos obras de sobra? Por quê, meu Deus? Só pelo prazer sádico de implantar a insônia? Para contar que ficou velho, que perdeu a esposa, que não consegue dar a má notícia para os objetos que a cercavam? Por que preciso saber da dificuldade do poeta, que resolveu envelhecer de repente, de contar ao copo sem água em cima do criado-mudo que aquela boca foi embora para sempre? Por que nos despertas, poeta? Para nos fazer chorar?"

NEI DUCLÓS, 17/12/01.

"Excelente surpresa. É raro um poeta com projeto, ritmo, ousadia, originalidade, imagética própria, frases intensas e bem pensadas. É raro, pelo menos, eu conseguir enxergar tantas boas qualidades em um só poeta. Mas em T.S. Eliot senti isso tudo. E não falo por falar, não sou disso. Falo o que sinto."

ALBERTO PUCHEU, 26/12/01.

"Mais um livro de Fabrício Carpinejar de grande sensibilidade. Há nele não poucos momentos que ficam percutindo, num eco que é chamamento, prece, perguntas, canção, pungência. O poeta elabora um caminho muito seu, numa direção muito sua. Em quantos já seremos acompanhando esse Carpinejar inquieto mas firme, passo após passo?."

FLÁVIO JOSÉ CARDOZO, 9/12/01.

"Uma das melhores revelações do ano."

JOÃO ALMINO, 29/12/01.

"*Terceira Sede* é um livro surpreendente."

RENATO REZENDE, 9/11/01.

"Simples, sem afetação, Carpinejar é dono de um discurso vigoroso e de uma metáfora cortante."

PEDRO STIEHL, in "Humanidade para este dia",
O Progresso, Montenegro, 16/11/01.

"Sensibilizado com a situação de desamparo dos idosos, Carpinejar faz um alerta sobre os mecanismos de exclusão social."

TÂNIA BARREIRO, in "Quando as almas comungam",
Jornal do Comércio, Porto Alegre, 29/10/01.

"*Terceira Sede* mostra que o horizonte do poeta é infinito."

IAPONAN SOARES, 29/10/01.

"*Terceira Sede* é um livro de grande beleza, por dentro e por fora, digno do autor."

REYNALDO VALINHO ALVAREZ, 29/10/01.

"Uma dor, um grito a ressoar em cada verso das elegias. A dor identifica-se por sua musicalidade recôndita com a origem grega da tragédia. Por outro lado, a inversão da idade funda um roteiro em busca de um elo que o poeta reencontra e não ultrapassa."

FOED CASTRO CHAMMA, 27/10/01.